D1698318

Altberg Verlag

1. Auflage 2009

Grafische Gestaltung: Fix & Flex, Horgen

Fotos: Portrait Max Rüger von Hervé Le Cunff,
Seite 9 Heidi Mühlemann,
Seite 69 und rückseitige Innenklappe
Vereinigung Zürcher Bahnhofstrasse,
alle andern Aufnahmen durch
Marlis Rüeger und Heinz Lüthi

ISBN 978-3-9521782-6-3

Max Rüeger

Das wär's

Die letzten Verse

Mit freundlicher Unterstützung
von Familien-Vontobel-Stiftung und
Dr. Adolf Streuli-Stiftung

«Das wär's»

Mit diesen Worten übergab mir Max Rüeger im November 2008 die hier vorliegenden Verse, von denen er wusste, dass es seine letzten sein würden. Über seinen gesundheitlichen Zustand machte er sich keine Illusionen. Die Korrekturen, die er da und dort von Hand in die Ausdrucke eingefügt hatte, waren zitterig. «Lueg, ob öppis mache chasch demit», sagte er, «de Titel han i scho am Aafang gseit.»

Das war so etwas wie ein Vermächtnis von Freund zu Freund, das mich tief beeindruckte, denn beim Lesen seiner letzten Arbeiten wurde mir bewusst, dass darin die Summe seines Wirkens als «Alltagspoet» Zürichs enthalten ist. All jene Themen, die schon in seinem erfolgreichen ersten Versband «Heb Sorg» zur Sprache kamen, wurden nochmals aufgenommen, grundiert mit der Einsicht, dass unser Leben endlich ist, aber Schalk und Witz seine Würze ausmachen. Tröstlich zu wissen, dass Max Rüeger bis zu seinem Tod von seinem Humor nicht verlassen wurde, auch von seiner Liebe zu den Menschen, die er einst prägnant formuliert hat: «Ein Mensch ist für mich so lange gut, bis er mir das Gegenteil beweist.»

Dieser Band ist alles andere als eine Nachlese, sondern in Versen die Rückschau eines Zeitgenossen, der wusste, wie es um ihn stand, und dem es am Schluss seines Lebens nochmals gelingt, Nebensächlichkeiten des Alltags zu allgemeingültigen Aussagen zu verdichten. Das ist die grosse Kunst, welche der Autor Rüeger stets souverän beherrscht hat, mit überraschenden Reimen, die ihm scheinbar mühelos zufallen und sein Markenzeichen geworden sind.

Zwei unnachahmliche Arbeiten über die Beleuchtung der Zürcher Bahnhofstrasse heben sich aus den letzten Versen heraus. Es ist die zweiteilige Lämpli-Elegie. Sie allein würde eine Publikation rechtfertigen und enthält in verdichteter Form alles, was das Wesen des Künstlers Max Rüeger ausmachte.

Die Schwarzweiss-Aufnahmen, die in den Text eingestreut sind, zeigen hauptsächlich Orte, die dem Verstorbenen wichtig und wertvoll waren. Die Reihenfolge der Texte habe ich Max Rüeger vorgeschlagen, und sie wurde von ihm akzeptiert. An seiner eigenwilligen zürichdeutschen Schreibweise habe ich nichts verändert.

Richterswil, Ende August 2009

Heinz Lüthi

S wär öppe Ziit

Me sött sich Ziit näh zum es bitzli Ziit ha,
und das, wo scho sitt Wuche umeliit,
grad hütt und nüd erscht morn erledige,
anschtatt erledige nu predige.
S wär öppe Ziit…

Me sötti Ziit ha und sich äntli Ziit näh,
und mit em Nachbar vis à vis de Schtriit
vo wäg de Güselseck erledige,
anschtatt erledige nu predige.
S wär öppe Ziit…

Me bruchti Ziit zum Lehre tolerant sii.
Seigs bime Jugo, Moslem, Jesuit –
halt s andersch sii vom andere verträge.
Und jede Tag eis böses Wort nüd säge.
S wär öppe Ziit…

Me sött sich Ziit näh, ame Mittwuch plötzli
bim Zmorge uf d Idee cho, s wär en Hit,
drü Täg lang uf guet Glück is Centovalli
z verreise, ohni z wüsse, obs eim gfalli.
S wär öppe Ziit…

Es törft au Ziit sii, zum sich sälber frage:
Wärsch würkli (ohni Hüüchle!) scho so wiit,
em Ruedi äntli z maile: «Gopfertori
ich han en Seich abglah. Forget it. Sorry.»
S wär öppe Ziit…

Nimm dir doch Ziit zum Ziit ha für es Lächle!
Gib einewäg em neue Jahr Kredit!
Guet – i zwölf Mönet chönntsch mee graui Haar ha,
guet – Flops und Tüüfschläg au ganz klar ha,
derfür au Highlights mee als nu e paar ha.
Das liit an eus. Mir wänd e zfrides Jahr ha.
Am beschte fangt mer vor em Januar aa.
Dänn hätt mer Ziit.

S Lämpli 245 über de Bahnhofschtrass

Im Jahr 2004 wurde über der Zürcher Bahnhofstrasse zum letzten Mal die traditionelle Weihnachtsbeleuchtung montiert.

Ich bin es Lämpli, ghöre zu dem Liechterhimmel,
wie tuusig andri Lämpli susch na au,
wo fäschtlich übrem Bahnhofschtrasse-Gwimmel
es bitzli Wienachtszauber schiint is Alltagsgrau.

Ich hange linggs, am nüünte Draht, sitt villne Jahre.
Am gliiche Platz, grad bi de Schützegass.
De Elfer, Sächser, Sibner gsehn ich herefahre –
und glii drufabe wiiter obsi dur die Schtrass,

wo ebe wältberüemt seig, rund um d Erde,
en Edelschtei für d Stadt, wo jede kännt.
Und dä sött amigs na es Spüürli edler werde
wäg eusem Himmelslüüchte während em Advänt.

Ich säg ganz ehrlich, dass ich schaurig plange,
bis nachme Jahr i tunkle Schachtle, iigschpeert, äng,
ich äntli wider a de Dröht im Freie hange,
und mit me fachgerächte Schalterträhe – päng –

törf lüüchte, hell, dass mänge Zürcher tänkti,
dass ich nüd bloss es Huushaltbirli wär,
sondern es Schternli, wo da obe hänkti,
zum Biischpiil obe das vo rächts im «Grosse Bär» . . .

Ja, gälledsi, es isch nu schwer z beschriibe,
was mer als Lämpli so bim Lüüchte gseht.
Zum einte sälbverschtäntli hektischs Triibe,
e Muetter mit drüü Gnieti-Goofe, wo fasch duretreht,

will jede wott Marroni, prännti Mandle.
Nu d Muetter – mit feuf Iichaufs-Seck – rüeft: «Nei!»
Sie laht, trotz Goofegschrei, nöd mit sich handle:
«So, hopp jetzt los ufs Tram. Ich mues go choche hei!»

Natürli merked füffzähtuusig Mänsche
nüd jede Aabig, dass de Liechterhimmel brännt.
Die träged Stress im Gsicht und Läderhändsche.
Für die isch eifach Alltag. Und kei Spur Advänt.

Na öppis anders – (ich wett zwar nüd murre):
Mir Lämpli händs nöd liecht, wänns stürmt und schneit.
Dänn schüttleds eus am Draht so richtig dure.
Und me mues luege, dass mer jaa nüd abegheit.

Ich bruuche übrigens für en perfäkte
Advänt na ganz en bsundre Ton im Ohr:
Dasch d Heilsarmee bi ihrer Topfkolläkte
mit «Oh du fröhliche» und em Posuunechor.

Und s Määrlitram voll Goofe, wo chönnd schtuune!
En Samichlaus als Kondi! Dasch doch glatt.
S Chrischtchindli trotz em Stress i Wienachtsluune.
Das fählti eus, wänns fähle würd i eusre Stadt.

Ja, liebi Lüüt – das söll jetzt bald verbii sii.
D Vereinigung hätt ime Brief ganz offiziell
eus gkündt. En Änderig, die werdi glii sii.
Ab nächschtem Jahr machid mir nüme wienachtshell.

Da gäbs dänn – ich cha das nüd gnau beschwöre –
e neus Konzäpt, erfunde vo Designerhand:
Statt eus hangid dänn halt Belüüchtigsröhre
mit Wächselwürkig und Silväschter-Liechterband.

S isch klar: Mir Lüüchtgirlande-Seniore
händ wäg dem Abschied, unvermittled, knapp,
so im Momänt scho d Contenance verlore.
Oder als Lämpli formuliert: Das löscht eus ab.

Nu – ich für mich – ich laa mich nöd verwirre.
Und ha mir – zäme mit Kollege – gseit:
Mir Lämpli sind nüd alli weichi Bire.
Mir hanged nöd nu blind a de Vergangeheit.

Ich bin es Lämpli gsii, eis vo dem Liechterhimmel,
wie tuusig andri Lämpli suscht na au.
Wo fäschtlich übrem Bahnhofstrasse-Gwimmel
es bitzli Zauber gschune händ is Alltagsgrau.

Bis aafangs Jänner hang ich, wie sitt villne Jahre,
am gliiche Platz na, linggs am nüünte Draht.
Dänn gsehn ich s letschtmal d Hebebühne herefahre,
und mache mich für s letschti Flimmere parat.

Ganz fröhlich, ohni Träne, will ich tänke mir derbii:
Bisch schliessli villi Jahr es Stückli Zürcher Himmel gsii!

Wer weiss scho...

Wer weiss scho, öb am nächschte Morge
am Ahornbaum na Bletter sind.
Öb d Fähre zwüsched Meile – Horge
na fahrt. Und öb ächt s Nachbers-Chind
jetzt äntli d Autoprüefig gmacht hätt.
Und wer wäg em Peach Weber glacht hätt.
Wer weiss scho...

Wer weiss scho, was dänn d Wintermode
in Sache Schnitt und Farbe bringt.
Öb d Vogelgripp chunnt z Usserrhode.
Und öb de Gölä wiitersingt.
Und wie de nächschti Erdteil heisst,
womer villicht na anereist.
Wer weiss scho...

Wer weiss scho, öb nöd zart und schön,
wänn Schtärne scho am Himmel schtönd,
vo irgendwo her Harfe-Tön
eim uf em Balkon träume lönd.
Und öb bim FC Basel d Gigi Oeri
na uf de Gross als Trainer schwöri...
Wer weiss scho...

Ich meinti, dass es gletter isch,
me weiss nüd immer ofefrisch,
was s Schicksal mit eim wider vorhätt,
und für en neue Floh im Ohr hätt.
Ich säg mir aber: Bhalt vill Muet –
und bliib für s Unerwartet guet.
Das weiss i.

De chlii Kiosk bim grosse Rank

Me weiss da immer alles, was passiert isch.
(Und au was nöd isch, gottseidank...)
Wer mit Sänsatione tapeziert isch:
De chlii Kiosk bim grosse Rank.

Es elters Fräulein höcklet hindrem Feischter,
und schiebts grad uuf, chuum das mer chunnt.
«Guets Mörgeli, so, und wie gaht's Herr Meischter?
Da wär si wider, ihri ‹Bunt›.»

S'isch alles ggordnet. Dusse, i de Schtänder,
findsch jedes Blettli wie de Blitz.
Bin Ziitige gahts meischtens nach de Länder.
Und – Ehresach – ganz z vorderscht d Schwiiz.

Plakätli säged eim, was intressant isch.
Wer isch verliebt? Wer gsund? Wer chrank?
Dermit mer Chund – und nöd nu bloss Passant isch.
De chlii Kiosk bim grosse Rank.

Dänn gitts au ganzi Hüüffe Illuschtrierti
mit eme Girl, wo blond, verläbt,
so tuet, dass es dich na ganz gern verfüerti,
wänns nu derfür es Datum gäbt.

De Egge links, dä ghört ellei de Fraue.
Problem, wo sich schwer löse lönd
und punkto Liebi, Beauty so im graue
Alltag de Fraue schtelle chönnd.

Zeitungen Cigarett
TOTO LOTTO LOSE
DIE ZEIT
Trotz Schädelbruch!
Schumi gibt nicht auf
Süddeutsche Zeitung
Frankfurter Allgemeine
DIE WELT
KURIER
Kiosk Rab
Kaffee
zum Mitnehm
Eisgeküh
Rivella
Coca-Cola
Fanta
Ice Tea
Mineralwasse
90 Mio.
32 Mio.
190 Mio.
64 Mio.
110 000

Dänn hätts es Tablar für Philatelischte.
Zäh Periodika für Alpinischte.
Grad undedraa, s Regal für Hundehalter.
Und, fasch exotisch hütt, de Näbelspalter.
Ein aktuelle Trend schiint ungebroche:
Für Vegi-fettfrei-niedergarig-Choche.

E Hefterbiig griift gfühlvoll zmitzt is Mänscheläbe.
Romanhaft – aber jedi Wuche tragisch, frisch.
Drüü Franke sind für all die Schicksal fasch vergäbe.
Zum Biischpiil, wänn en Klinik-Tokter ledig isch,
und nachme Iigriff bi de Chef-Visite heimlich, still
die gheilti Grafe-Tochter zu sinere Frau ha will.

E halbs Regal füllt s Thema Multimedia.
Und Iphone, Compi, poschte via Internet.
Das gaht halt schliessli jede und au jedi aa,
wo punkto Fortschritt uf em neuschte Stand sii wett.

Ganz wichtig sind au Magazin, wo mer entdeckt,
wie Kuba würkli isch – und wie «Die Deutsche Gotik».
Ja, und dänn zhinderscht obe, eigentli verschteckt,
liit für de findig Känner d Glanz-Uuswahl Erotik.

Mit blutte Girls, per Linse künstlerisch gestaltet.
In Ruggelaag uf Cliffs in Cornwall, ufre Luxusjacht.
Wo aber, ehrlich, alls verschpräched und nüüt halted.
(Villicht im beschte Fall im Traum e gfreuti Nacht.)

Me weiss da immer jede Tag gnau, was passiert isch.
(Und Glacé oder Sandwich gitts au ime Schrank!)
Er büütet alles aa, dermit mer informiert isch:
De chlii Kiosk bim grosse Rank.

De 29. Februar

Wämmer nur all vier Jahr emale chunnd,
hätt mer als Schaltjahr-Tag s Beschträbe,
und scho us Prestige-Tänke alle Grund,
en Top-Tag z sii für d Lüüt, wo eim müend läbe.

Ganz klar: Die andre Täg händs nüd so schwer.
Die sind scho nach zwölf Mönet wider draa.
Für die tropft d Sanduhr all Jahr ihri Schtunde leer.
Hingäge iich mues i de Warteschlaufe schtaa.

Sie chönnd mers glaube: Iich mach eine mit,
dass es mich halt nu jedes Schaltjahr gitt.

Bricht biischpillswiis am dritte März
em Fräulein Kuenz us Liebi s erschtmal s Herz,
törf si doch träume: Ime Jahr
am dritte März
isch mit miim Herz
und was derzueghört, wider alles klar.

En Gmeindrat, wo am Erscht Auguscht
grad i diversi Fettnäpf trampt,
hätt im Momänt zwar Riese-Fruscht,
will ihn die halbi Gmeind verdammt.
Nu mues er bloss zwölf Mönet warte –
dänn wetzt er siini Fäschtred-Scharte
mit neuem Patriote-Schmuus
bi sine Wähler wider uus.

Bricht bischpiilswiis am sächste Mai
en Tschuuti-Star d Chnüüschiibe plus es Wadebei
bliibt er zwar invalid dihei –
nu gitts halt absolut e kei
Gründ zum nüd zuversichtlich z hoffe,
es sei doch – chumm, lang Holz aa – gloffe:
Am nächschte sächste Mai
sind lengschtens s Chnüü und s Wadebei
scho wider niet- und nagelfrei.

Hingäge iich – de 29. Februar –
(iich chume ja, wie gseit, nu all vier Jahr) –
und liide scho im voruus wien en Hund,
wänns wäge mir zunere Panne chunnd.

En Brief, wo me sött läse und nöd list.
De Hochsigtag, wo me, ouu nei, vergisst.
Es Brämspedal, wo me sött flicke und nöd flickt –
Es Mail, wo me sött schicke und nöd schickt.
De letscht Termin für en Vertrags-Abschluss.
The last chance missed für en Versöhnigs-Chuss.

Sie chönnd mers glaube, iich mach eine mit,
dass es miich halt nu jedes Schaltjahr gitt.

Für s nächscht Jahr liit en Ueberraschig drin!
Ganz under eus – ich han en Scherz im Sinn:
Ich chume – au wänns de Kaländer nanig will –
und zwar verchleidet als – de 1. April.

Morge-Fitness

De Tokter meint, es wäri gsund,
am Morge, wänns na chüel sei,
so ungefähr e knappi Schtund,
bevors dänn heiss und schwüel sei,
na vor em Büro goge
spaziere, walke, jogge.

De Tokter meint, s wär eifach guet,
ich chönnt e Lösig finde,
(«Es bruucht derzue es bitzli Muet!»)
zum miich halt z überwinde,
na vor em Büro goge
spaziere, walke, jogge.

De Tokter isch, das weiss ich scho,
en Mänsch, wo s Beschti wetti.
Drum seit er au, er wär scho froh,
wänn ich de Plausch dra hetti,
na vor em Büro goge
spaziere, walke, jogge.

De Tokter seit – und er hätt rächt –
sogar wänns sötti schiffe,
wers halt für d Fitness gliich nöd schlächt
wänn ich würd – (ha's begriffe!) –
na vor em Büro goge
spaziere, walke, jogge.

Im Gschäft dänn, bime Jogurt light,
hätt vorme halbe Monet
bim Zmittag e Kollegin gseit:
Ischs neuerdings di Gwohnet,
na vor em Büro goge
spaziere, walke, jogge?

Das findt d Kollegin allerhand.
Ich säg: Würd iich Dich bitte –
chämtsch mit zum amigs mitenand
am Morge locker z fitte –
und vor em Büro goge
spaziere, walke, jogge?

D Kollegin seit: Wüsst nöd, warum.
Sie isch da echli eige.
Ja nu so dänn halt ebe. Drum
spazier ich, walk ich, jogge-n-ich
au wiiterhii – elleige.

Fröhlichi Oschtere

Es güggslet en Krokus, es glögglet es Schnee –
d Frau Meier wäscht Gartestüel ap.
Föif Sägelschiff waaged sich scho uf de See
und s Holz für is Cheminée wird knapp.
Me macht en Spaziergang, no iipackt i Gwand –
fröhlichi Oschtere – all mitenand.

De Maler macht äntli d Fassade am Huus,
z Davos fahred s letscht Mal na d Lift.
En Mungg laat sich wecke und pfiift uf de Pfuus,
wänn d Sunne siin Pelzmantel trifft.
Z Italie regiert s Kabinett vorderhand –
fröhlichi Oschtere – all mitenand.

Z New Vork hät sich d Börse am Dow Jones verschluckt.
Für Studers gits namal es Chind.
De Oschterhaas z Meile isch zimli verruckt,
will d Hüener nöd fliissiger sind.
Für d Färie bschtellsch wider diis Hotel am Strand –
fröhlichi Oschtere – all mitenand.

De Schnee schmilzt ewägg und defür stiigt de Rhii.
S hät Schpargle ganz frisch ufem Tisch.
Me ghört vo de UNO wie d Wält sötti sii
und trotzdem bliibt d Wält wie sie isch.
Schiints gäb au de Blocher em Schmid wider d Hand
für fröhlichi Oschtere – für all mitenand.

Iich und go poschte

D Frau hätt gseit, sie heig kä Ziit,
will sie d Wösch mües wäsche.
Und sie frögt, öbs dineliit,
dass iich, mitre Poschti-Täsche,

giengt schtatt ihre go iichaufe,
dänn müesst sie nöd äxtra laufe.
Poschte, meint sie schliessli, sigi
sicher käs Problem bim MIGI.
Sie heig alles uf en Zädel gschribe.
Iich bi ggange. Und sie isch diheime pplibe.

Sonen Superlade fasziniert eim!
Schtärnefeufi, was es daa so gitt...
Alls, was uusgschtellt isch, verfüert eim
sofort z säge: Ou – das nimm i mit!

Uf em Zädel vo de Frau
schtaht es tunkels Chernli-Brot.
Slimline-Jogurt schtönd da au,
und – falls Sonder-Aagebot –
heigs im vordre hindre Egge
frischi Glarner Birewegge.

Säb und dises chunnt derzue.
Und dänn, tänk i, heigi Rue.
Aber plötzli gsehn ich deet und da
uf de Tafle öppis gschribe schtah.
Farblich im bekannte Migros-Ton
isch das Zauberwort truckt: AKTION!

Aktion

Aktion
Osterplatte
4.75

AKTION sind Ravioli
us em südliche Piemont.
Also nüüt wie los – die hol i,
will sich das ja sicher lohnt.

Rächts dernäbed – Grönland-Ton –
Hopp is Wägeli – Aktion!
Und deet hinde – Champignon –
Hopp is Wägeli – Aktion!
Bi de Blueme: – Rote Mohn –
Hopp is Wägeli – Aktion!
I de Metzg Chalbs-Medaillon –
Hopp is Wägeli – Aktion!
Dänn en Hifi-Grammophon –
Hopp is Wägeli – Aktion!
Gummibaum für de Balkon –
Hopp is Wägeli – Aktion!
Plastic-Spiilzüüg-Telifon –
Hopp is Wägeli – Aktion!
Deet en gfüllte Schoggi-Gloon –
Hopp is Wägeli – Aktion!
Und als Clou es Bügelbrätt –
S hätt ja nu so lang, wies hätt.

Schliessli schtahn i bi de Kasse,
S Fräulein gseht die Wägeli-Masse,
tipped alls – und meint zum Schluss
mitme Lächle: «Cumulus?»
Au iich lächle. Und säg: «Nei,
Cumulus – dä isch dihei.»

Dänn diheime lueged d Frau
i de Poschti-Täsche gnau
öb ich heig, was sie hätt welle. –
Nu – was söll ich na verzelle?
D Frau schtellt mini Poschtete in Egge,
und meint: «Schätzli – wo sind d Birewegge?»

Chanson ohni

Da hätt mer ein Iifall. En G-Dur-Akkord.
Ein Iifall wo treit. Ja, im Grund scho fasch toll isch.
Er stützt eim d Idee, hilft de Uussag vom Wort.
Und dänkbar wär au, dass er schpöter in Moll isch.

Nu: Nach dem Akkord gahts nöd wiiter, vertelli.
Ich tascht miich dur d Taschte. Ich bruuch Melodie.
Das weiss ich. Nu weiss ich halt leider nöd, welli.
Und eifach so Terze – das chas ja nöd sii.

So isch, liebi Fründ, im Momänt da für miich
d Situation für das Chanson nöd glatt.
Ihr wännd Lieder ghöre. Ja – und was mach iich?
Es Chanson halt ohni. Trotz allem. Anschtatt...

*

Es Chanson ohni Musig
isch es Fondue ohni Chäs.
En Apri – ohni – kose.
En Chaiselongue ohni Chaise.

Es Chanson ohni Musig
Isch en Felse ohni Schturz.
E Glogge ohni Schwängel.
Es Füdli ohni Furz.

Es Chanson ohni Musig
isch es Chalet ohni Tach.
En Meerfisch ohni Schuppe.
En Wahlkampf ohni Krach.

*

Es Chanson ohni Musig
isch es Chriesi ohni Schtei.
Es Cello ohni Saite,
isch en Früelig ohni Mai.

Es Chanson ohni Musig
isch en Aelpler ohni Bart.
En Oberscht ohni Gold am Huet.
De Hayek ohni Smart.

Es Chanson ohni Musig
isch d Sophia Loren – flach.
Me cha das trülle, wie mer will:
Es bliibt e halbi Sach.

*

Es Chanson ohni Musig
isch e Muetter ohni Vatter.
Isch s Sächsilüüte ohni Böögg.
Zäh Änte ohni Gschnatter.

Es Chanson ohni Musig
isch e Heizig, wo nöd heizt.
E Turmuhr ohni Zeiger.
En Sexfilm, wo nöd reizt.

Es Chanson ohni Musig
bliibt en Chabis und en Hohn.
Nu s Gueti isch: I some Lied
hätts nie en falsche Ton.

Märze-Schnee

Jetzt hockt er bruun und dräckig a de Schtrasseränder
und merkt genau: Zum Schmelze wärs im Grund gno Ziit.
Er cha siich chuum mee hebe a de Bruggegländer.
Au d Schatteplätzli werded rarer, won er liit.

Er lehnet na a d Gartehäg. Grad zleid als ticki Hüüffe.
Au s Tach vom Nachberhuus teckt er bis ganz in Gibel zue.
Er tänkt nüd draa, Schneeglöggli scho la usezschlüüffe.
Er isch na daa, und wott sich, won er chan, vertue.

«Ja, dene han is», freuts de Schnee, «so richtig zeiget.
De hinderscht Schtedter hätt mi i de Chnoche gschpüürt.
Und all die tumme Läschtermüüler wäred gschweiget,
wo Früeligsgfühl händ, nu wills eimal z Nacht nüd gfrüürt.

Das isch e Wuche gsii wie scho sitt Jahre nüme!
Dee Mais mit Auto und Kolonne uf de Schtrass!
Mit Bäum und Schtrüüch, wo sich wäg mir händ müese chrüme!
Das jagt eim zu de Flocke-n-us! Und dänn dä Gschpass,

wänn z Olte ufre Weiche liisch und die blockiert isch!
Und s Achti-Tram de Rank am Klusplatz nüd vertwütscht!
Und wänn en Berner Trolleybus-Chauffeur schockiert isch,
will ihm es Wohnmobil mit Schwung is Füdli tütscht!»

«Ich bi nüd schadefreudig», seit de Schnee. «Nu ebe,
s tuet villicht guet, dass ich so zümpftig gwirblet ha.
Es nützt de Fitness, wider emal e Schuufle z hebe,
und hilft gäg Stress mee als Antibiotika.

Ja guet. Jetzt isch miin Todfind choo. De Föhn. Sitt geschter.
Da bin ich hilflos, mee als wäge Salz und Pflueg.
Drum zahl ich hütt em Biiswind na en Kafi Treschter.
Dänn blast dä pfiffig wider biisig, mee als gnueg.

Ich ha scho s Gfühl, ich bliibi na es bitzli hocke.
S wär z früe, wänn öpper d Gartemöbel usetreit.
Nei – bhaltet besser d Mäntel und die warme Socke
und d Händsche na divorne. Nu zur Sicherheit...

Dä Winter törf jetzt nüd am Schluss na abverheie
Wänns sii mues chum i moorn grad namal goge schneie.»

Sächsilüüte

Das isch es Fäscht ellei für Mane.
Die legged schöni Gwändli aa
Und trinked Ehrewii us Chane
vo schwerem Zinn mit Patina.

Als Beduine, Metzger, Ritter,
als Pseudo-Schniider, Beck in spe,
marschiert bi Sunne, Biise, Gwitter
die männlich Zürcher Haute volée

verbii a ihrne eigne Fraue,
wo schtundelang am Trottoir schtönd,
dermits de Maa im Umzug gschaue
und Bluemeschtrüssli rüere chönnd.

Me gitt sich zürcherisch-historisch.
Me schwänkt s Barett und d Gerberschoss,
und hätt bim Sächsischlag notorisch
e schtolzes Gfühl, wänn hoch zu Ross

am Bellevue d Zöifter galoppiered,
und zmitzt im Platz de Böögg verbrännt.
Wänns zaabig uf de Zouft parliered,
bis d Nacht sich früe vom Morge trännt,

schlaat jede Zöifterpuls staccato
für Meuschter, Uetli und de Leu.
So isch es immer gsii bis dato.
Und bliibt sich Züri sälber treu,

dänn fiiret d Schtadt mit Disziplin
de Früelig wiiter – maskulin.

Es Vieregg

Es Vieregg liit z Oetwil am See,
sitt füffzäh Jahr scho oder mee.
Zwei Meter breit – feuf Meter lang,
so liits grad linggs bim Dorfuusgang.

Sis Ligge, leider, macht kän Sinn.
«Ich weiss, dass iich da nutzlos bin.
Vieregg, die gitts, me sött das gseh,
wie Sand am Meer z Oetwil am See.»

Wämmer das under d Lupe nimmt,
mues mer scho säge: Ja, das schtimmt!
Drum ärgeret, mit guetem Grund,
das Vieregg siich sitt Jahre rund.

Dänn, ame Morge im April,
(au wänns chuum öpper glaube will),
luegt mer z Oetwil siich sprachlos aa:
S Vieregg isch plötzli nüme daa!

Es hätt siich nämli i de Nacht
im Tunkle schtill uf d Socke gmacht.
Uf Umwäg via Pfannestiel
und d Forch bis Züri-Ussersihl.

Deet isch es dänn uf d Polizei.
und seit em Gfreite Heiri Frei,
(dä lueget zimli gschpässig drii):
«Iich möchti gern – en Parkplatz sii.»

De Frei – dee schaltet aber gschwind.
Er weiss, wie knapp doch d Parkplätz sind.
Er hätt das Vieregg asphaltiert
und sofort ine Querschtrass gfüert.

Jetzt ischs de Tag duur meischtens bsetzt.
Es wird, trotz siinre Parkuhr, gschetzt,
und freut siich über s Jubelgschrei
vo Autolänker: «Da isch frei!»

So hätt das Vieregg, was es will.
Schtaht aber z Nacht die Parkuhr schtill –
dänn tänkts – und das tuet mängisch weh –
a früener – a Oetwil am See.

Nach de Wahle

Wänn ich draatänk, dass jetzt alls verbii isch,
dass es ab em Mäntig Morge
anderscht wird, als es drüü Mönet gsii isch,
mach ich mir doch ernschthaft Sorge.

D Schwiiz isch ja im allgemeine
punkto Frohsinn rächt diskret.
Lache uf de Schtrass gsehsch keine.
Oder nu, wänns niemert gseht.

S chönnt dänn höchschtens uf Plakat sii,
wo siich dä, wo wetti Rat sii
oder (Salve!) au Rät-inne
uf de Bahhöf, näb de Schine,
i de Mitti vo de City,
meischtens strahlend heiter Pitti-
Pätti macht zum Wählerschtimme fange.
I de Hoffnig, dass mer klar verschtaht:
Die, wo uufghänkt sind, törfsch nöd la hange.
Und mer drum zur Urne gaht.

Jahruus, jahrii – was ächt e Qual isch! –
meinsch, dass all Schwiizer Suurtöpf wäred.
Bis ebe, churz bevor e Wahl isch,
feuftuusig Gsichter sich verkläred.

Da schmunzled plötzli Profässore,
und mängisch höchi Militär,
bis praktisch hinder beidi Ohre,
wie wänn das gar nüüt bsunders wär.

Sie strahled eifach ab de Wände
zwäcks Wahle wahllos d Bürger aa.
Au Sekretär vo Pruefsverbände
chönnd fascht de Schalk im Nacke haa.

Nu ebe: Mänge Kandidat
verschwindt so gschwind mit siim Plakat
vo de Bildflächi, wien er cho isch.
Der eint, will er als Rat nöd gno isch,
en andre als Anonymus
x ufme Sitz im Bundeshuus.

Nei – mir wännd eus kei Illusione mache:
Das mega fröhlich Propaganda-Lache
vo dene Foti-Fraue und de Foti-Mane
hebt nie mee als drüü Mönet ane.

Was aber lenger hebt für d Wahlbetreuer –
das isch d Erkänntnis: Guter Rat ist teuer.

Vor de Ferie

Langsam tänksch as Gofer packe.
Wenigschtens am Morge früe
gschpürsch im Halbschlaf um de Nacke
scho en frische Mistral zieh.

Langsam chömed d Ferie nöcher.
De Notizblock seit dirs gnau.
Riissisch Bletter us de Löcher,
bis dä Zäddel chunnt, wo blau

drei markanti Uusruefzeiche
gmalet sind: Hütt fangeds aa!
Und dis Gsicht törft schtatt em bleiche
Teint scho bald en Bruunton haa.

Aber plötzli tänksch, öbs gschiid seig,
sich so brötle laa im Sand.
Und öb d Provence ächt nüd zwiit seig,
oder öbs im eigne Land

villicht gheimi Oertli gäbti,
womer au mit Sicherheit
Super-Ferie erläbti,
so, wie «Schweiz Tourismus» seit?

D Frau sortiert scho d Garderobe,
chauft en Schwümmgurt für de Goof.
Ufme Block heissts zoberscht obe:
Hut für Bappi. (Waterproof)

Langsam tänksch as Gofer packe.
Hie und da scho z Nacht am eis
gschpüürsch de Mistral chüel im Nacke,
repetiersch die ganzi Reis.

Dänn seisch bime Aabigässe
wie us heitrem Himmel: Nei –
d Reis i d Provence wird vergässe.
Miin Entscheid: Me bliibt dihei.

Sonen Schock chönnd Frau und Chinde
nüd grad sofort überwinde.
Es wird gfluechet, es gitt Träne,
us Frisure werded Mähne –

aber nach drüü luute Schtunde
händ schlussäntli alli gfunde:
Adie Mistral – grüezi Föhn.
Arbon isch au cheibe schön.

Heiweh nach Züri

Me hockt i siim Hotel, de Balkon nach Oschte.
Verruss ruusched Palme, im Spaatsummerwind.
En Balkon nach Süüde wür tüütli mee choschte
und näbeddraa hettis Familie mit Chind.
Me gnüüssts und me findt, dass eim eigetli wohl isch.
Me macht sich na fröhlich zum Diner parat.
Doch plötzlich bim Umzie wirsch – wie melancholisch –
isch das Heiweh nach Züri, nach eusere Schtadt?

Am Morge bim Zmorge häts Schlange bim Schinke
de Tick mit em Schnauz packt föif Semmeli ii
bim Uusflug i d Berg gseesch en alti Frau winke
dee Halt bi dem Tämpel hett nöd müese sii.
Im Beizli vom Dorf, wo au z Nacht nüüt vo Schlaf isch
wird Chuderwälsch gschwätzt total fremd, aber glatt
und plötzlich tänksch, irgendwie fehlt s Jugoslawisch –
isch das Heiweh nach Züri, nach eusere Schtadt?

De Eltscht spillt am Pool mit drei belgische Gspähnli,
d Frau wett mit eme Glasboot s Koralleriff gsee.
Iich chaufe us Blödsinn es Schteitalismännli,
es seig – ächt – es Muurstückli vonre Moschee.
Me stuunet, wie – und es isch eifach gmüetli –
die rot-goldig Sunne im Meer undergaat.
Und plötzli tänksch trotzdem as Meuschter, an Üetli –
isch das Heiweh nach Züri, nach eusere Schtadt?

Mir isch das i all mine Färie so ggange,
nei, nöd de ganz Tag, nur i mänge Momänt.
Han i de Antarktis en Pinguin fasch gfange
und z Myanmar zümftig de Näggel verbrännt.
Churz gseit, überall i de Wält, irgendneime,
chunt das Gfüel i mir ue und das han i jetz satt.
Sit eme Jaar bliib ich eifach und zfride diheime
ohni Heiweh nach Züri – i eusere Schtadt.

Es Zält fürs Fäscht

Uf eimal schtaht e mächtigs Zält
wo susch nu Wise isch.
Me bout das mächtig Zält für Gäld,
mit Chuchi, Bühne, Tisch.

De Turnverein, dä hätt sich gseit:
Mir fiired hundert Jahr!
Da wird es Dorffäscht anegleit –
en Fez mit Schwof ganz klar.

Am Samschtigzaabig schtrömed d Lüüt
und hocked zunenand.
Dreiviertel Schtund passiert na nüüt.
Bis uf de Bratwurscht-Schtand:

Deet chehrt en ticke Metzger fach-
gerächt Därm mitre Mischig
us Brät und Wasser. Und im Krach
vo Rüefe nach Erfrischig

nach Pier, nach rotem, wiissem Wii,
rännt s Uushilfspersonal
mit heisse Chöpf im Lampeschii
quer dur de Blache-Saal.

De Oberturner Oski Frei
redt fiirlich zu de Fahneweih.
Er findt e träfflichi Erchlärig,
«weil der Verein nun hundertjährig»
mües mer em sone Flagge schänke
und hütt a d Fahneschtange hänke.

Dänn redt, mit Sätz, wo jede kännt,
de Herr Gmeindspresidänt,
er suecht fascht wie spontan und findig
vo Gmeind zum Turne e Verbindig
Druuf wirds im Fäschtzält wider hell
bim Schluss vom Zeremoniell.
Me gseht die uufgreggt Dameriege
für d Küüleschwüng uf d Brätter schtiige.
Und, als Finale, bsunders nett,
tanzt me «Granada» als Ballett.

Dänn fägt s Orcheschter Sunny Boys,
i gääle Sammetgwändli,
«Ramona» und suscht öppis neus.
Und d Päärli gänd siich d Händli.

Am Morge früe wird s Fäschtzält leer.
Au d Würscht sind uusverchauft.
Die meischte Chöpf sind gross und schwer.
Und wer zum Uusgang lauft,

dä gschpüürt im weiche Bodenäbel,
dass eus e sonen Fäschtzält-Gräbel
im Dorf mit Schwof am Samschtig halt
im Grund gno eifach schampar gfallt.

Summerziit – Fäschtspiilziit

Theater händ im Grund ja vill Ziit
für Kunscht i de normale Schpiilziit.
Im Früelig nach em Herbscht im Winter
isch Platz für Shakespeare, Harold Pinter,
für Schiller, Verdi, Strauss, Puccini –
und grossi Stars sind gnau wie chliini,
wie ja Verträg bekräftiged,
fasch jede Tag beschäftiged.

Drum wärs nu gschiid, dass i de Summermönet
du und au iich sich ane Pause gwönet.
Me sött d Orchestergräbe zuelaa,
de Vorhang und Belüüchtigsbrugg in Rue laa.
Und s Bühnebild vom grosse Saisonschlager
schlaft vilicht au ganz gärn emal im Lager –
churz eigetli wär klar: Zum Summer
ghört au en kulturelle Schlummer

Stattdesse strömed d Lüüt in Schare
z Bayreuth zu wagnersche Fanfare
in Side-Satin, Nerz und Smoking
mit musikalisch smallem Talking
uf Plätz, wome vill ehner hockt als sitzt
und scho nach föif Minute grässlich schwitzt
zum Lose, ob dasmal de Georg Szolty
us de Wallküre mee Dynamik holti.
Me reist uf Kiel zum Faust als Tagespändler,
s Arrangement «Ässe inkl» isch de Clou.
Nach Mörbisch mit em Freiliecht-Vogelhändler
gaats uf Bad Segeberg zum Winnetou.

STADTTHEATER ZÜRICH

De ächte Crème d'la Crème hingäge gfallts, ach,
ganz exklusiv nu z Salzburg a de Salzach.
En neue Mozart-«Figaro» vom Harnoncourt
verspricht, – comme surprise! – e Verjüngigskur.
Sogar de «Jedermann», wo's halt no immer gitt,
dä nimmt mer, wänns nöd rägnet, au na mit.

Luzern empfangt im KKL la haute volée.
S isch uusverchauft und s letschti Ticket glöst.
Me wird gern lose und me wird na gerner gseh,
bim Cleveland-Orchestra vom Welser-Moest.
Ja und de Leu vom wältberüemte Monumänt
ghört Serenade, woner lengschtens kännt.

So hätts de Kunschtfründ würkli schwer
bi sovill Gnüss de gnüsslichscht z finde.
Er reist i dene Wuche chrüz und quer
zum Bildig mit Society z verbinde.

S isch klar, dass die Kulturfründ schtrapaziert sind.
Es choscht scho Nerve, wämmer sovill Billet chauft.
Die Stars hingäge, wo a Fäschtspiel engagiert sind,
chönnd siich erhole, wänn dänn d Saison wider lauft.

Summergrippe

Zwar: De Himmel chönnt nüd blauer
und d Natur nüd grüener sii.
Macht au gschwind en Gwitterschauer
d Uussicht für Minute grauer,
lueget d Wält doch sunnig drii.

Aber ebe – du häsch Fieber,
schtatt em Chopf es Bienehuus.
Magsch nüd lache, trötzlisch lieber.
Sogar s Farbfernseh gseht trüeber
als de Rhii bi Koblänz uus.

Uf de Zunge liit en Filter,
wie es Gmisch vo Mähl und Sand.
Münzetee – (im Volksmund gilt er
als de bescht) – dir aber schtillt er
nüd emal im Traum de Brand.

De Lewinsky leisch uf d Siite.
Au de Bichsel und de Grass.
Fangsch wäg jedem Quatsch aa schtriite.
Wottsch kei Beatles ghöre beate.
Und wirsch muff bim «Samschtigsjass».

Chuum dass zäh Minute sitzisch
i diim Chüssi-Fauteuil drin,
merksch, wie ganzi Aare schwitzisch,
oder – au wänn duss e Hitz isch –
schlotterisch wie z La Brévine.

Churz: Für d Familie diheim
bisch trotz de schönschte Summertime
als Summergrippler uf em Rugge
vill ekliger als tuusig Mugge.

En Kondolänz-Brief

D Poscht bringt es Couvert. Schwarze Rand.
De Stämpfel zeigt de Iiwurf-Ort.
Dä schwarzi Rand, s liit uf dr Hand:
Me weiss – und fröget sich sofort:

Wer chönnt das sii, wo nüme isch ?
En Fründ ? Nur en Bekannte ?
En Mänsch, wo richtig truurig bisch ?
Villicht au en Verwandte ?

De Name, womer glii druuf list,
bringt eim um mee als vierzg Jahr zrugg.
Wie gschnäll mer Näme doch vergisst...
Jetzt aber schlaht mer wider d Brugg

zum Jungsii. Zunre schöne Ziit.
Und plötzli merksch: Mängs isch doch plibe.
De Rolf isch nüme wegg und wiit.
«In tiefer Trauer» hätt d Frau underschribe.

Du kännsch si na. Klar – d Dorothee.
(Die hetti mänge schtatt em Rolf au gnoo!)
Mir händ eus zwar sitther nu wenig gseh.
Und doch: Wieso han iich e Aazeig überchoo ?

Dänn hockt mer ane. Fangt aa schriibe.
De Dorothee, halt so, wie au scho: routiniert.
Me tänkt, me chönni oberflächlich bliibe –
Und gschpüürt uf eimal, wie's vo Wort zu Wort passiert,

dass eim vom Rolf und vo de früenre Jahre
unglaublich Liebs, Vergässes wider ufechunnd.
Und Satz für Satz isch mer sich mee im Klare:
Dä Brief a d Dorothee schriib iich mit guetem Grund.

En Juged-Fründ isch gschtorbe. Nüd en Bsundre.
Ich weiss nöd, söll iich würkli a d Abdankig gah...
Ich meinti, wänn ich fählti, würd sich niemert wundre.
Und s Liichemööli müesst i schliessli au nöd haa.

De Brief isch gschribe. Zuekläbt. Abgäh uf de Poscht.
Moorn chunnt er bi de Truurfamlie-n-aa.
Villicht bringt er de Dorothee es bitzli Troscht.
Mee isch es nöd, was iich em Rolf na z lieb tue cha.

Bahnhof Stadelhofe

E S-Bahn chunnt. E S-Bahn gaht.
Und mängisch mee als eini.
Die eint zur Ziit. En andri z schpaht.
Und öppedie au keini.

Rollträppe uuf. Rollträppe ab.
Wie das es Gschtürm, en Mais isch.
De Fahrplan seit dem, d Ziit sei knapp,
wo vor em falsche Gleis isch.

Für dä, wo d Wuche jede Tag
als Pändler fahrt hingäge,
sind senig Frage gar kei Frag.
Dä weiss, dass d Erschtklass-Wäge

gnau halte müend im Sektor A.
Er bruucht nöd z zirkle, z trucke.
Er cha vergnüegt bim umeschtah
siis Sandwich abeschlucke.

Rollträppe ab. Rollträppe uuf.
Bisch grausam i de Mangi.
Hoffsch, dass es mit em letschte Schnuuf
uf s Elfi-Tram na langi.

Natürli fahrt dä Cheib grad wegg.
Nu d Forchbahn isch am Warte.
Wer aber wott dänn scho uf Egg...
So hockt mer gschnäll i d Garte-

Beiz, für en Rote under Bäum,
wo Taggel umepfurred.
De Brunne ruuschet Summer-Träum.
Und tuusig Tuube gurred.

En Penner schänkt siich sitt am Vieri
scho sicher s zwölfti Pier ii.
En Banker rännt, im tunkle Tuech,
zum Orell Füessli für es Buech.

Es Mami schimpft mit ihrne Goofe,
speziell mit eim, wo nüme mag.
So gaht das zue im Stadelhofe.
Vo früe bis zaabig, Tag für Tag.

Miini Schtammbeiz

Halbi nüüni. D Tür zur Beiz isch offe.
Aber s schmöckt im Spunte nanig frisch.
Geschter zaabig hätt de Fritz na gsoffe,
jetzt hockt er scho wider a siim Tisch.

Au das elter Ehepaar ganz hinde
hätt wie immer zwei Espressi bschtellt.
Er will s Neuscht im «20 Minute» finde.
Sie schwigt vor siich ane. Er verzellt.

A de Bar schtaht scho die dritti Schtange
vor em Heinz. Er wott si tämperiert.
Oeppedie gsehsch en denäbet lange.
Ischs ächt eventuell sogar die viert ?

Gäg di Elfi ligget Tischset, Gable, Mässer
plus Papierserviette a de Plätz.
D Chuchi isch parat für d Mittagässer.
D Menu-Charte säged eim: Das hätts

hütt zur Uuswahl. Gulasch, Gschnätzlets, Röschti,
Tagessuppe Flädli oder en Salat.
Läberli gitts au. Die sind da s Gröschti. –
Dänn, so nach de Zwölfe öppe, schtaht

bald vor jedem Platz en gfüllte Täller.
S Menu eis, zwei, drüü wird im Galopp serviert.
Da und deet en Landwii us em Chäller –
aber Mineral wird ehner konsumiert.

CAFE

S Personal kännt trotz em Rummel alli.
Meischtens weiss es au, was jede will.
Mer isch undrenand per Du, seit «Sali».
Und als Trinkgäld gitt mer ehner zvill.

Mängisch isch im Gschtürm de Marcel hässig.
Und d Maria früe am Morge gschpässig.
Nu – und das mues gseit sii – bliibt de Boris
immer wie d Rue sälber. Alls was wohr is.

Vorne rächts, am Schtammtisch, wo oval isch,
trifft sich Kreti, Pleti durenand.
S wird au Seich verzellt, dass es e Qual isch.
Aber das liit schliessli uf de Hand.

Rauche törf mer. Ohni muffi Grinde.
Jasse – klar. Wänn eine fehlt – halt z dritt …
Wer wott schwätze, cha Mit-Schwätzer finde.
Wer si Rue wott, hockt ellei im Egge hinde.
Schön, dass es die Schtammbeiz für mich gitt.

Vernissage

De Maler und au d Galerie,
die ladet mit ere schmucke Charte ii,
wos heisst, es dörfti vo Interässe sii
de Künschtler seigi – ussergwöhnlich
für ihn – a dere Vernissage persönlich –
debii

Er würd sich freue, me chönn cho
de Tokter Frick halti d Laudatio.
Nacheme Gruesswort gäbs dänn Apero
und sälbverschtäntli riichlich Glägeheit
zum Lose, was au d Präss zum Künschtler seit. –
Und so

D Laudation isch eloquänt.
Me gschpürt grad sofort, dass de Referänt
sogar de schwierig Mänsch im Maler kännt.
Er seit vor allem, dass Humor de Pinsel füert.
Nu die dritt Frau vom Künschtler isch nöd grüert. –
Sie pennt

Dänn ischs sowiit wie gwonnt: Me gaat
go luege, nei, me wär defür parat,
nu: will vor jedem Bild e Truube staht,
wo jede Schtrich als neui Dimänsion entdeckt,
wird eim halt jede Blick uf jedes Werk verteckt. –
Dasch schad.

So ghört me nume vo z hinderscht klar
us Kännermund, wie gfühlvoll lapidar
de Sunneuufgang sei bim Chloschter Fahr.
Vier Bilder sind scho mitme rote Punkt verseh.
Me rettet sich ganz gschwind für Drink und Canapée –
a d Bar.

Da isch eim d Sicht dänn nöd verwehrt
me nippt am Cüpli, rede wär verchehrt.
Dass me de Meischter als Genie verehrt
erlüütered d Frau Beaufort luut und episch breit.
Ja, und so hät me schliessli wäme Adie sait –
vill glehrt.

Novämber

Am Morge bliibt d Nacht lenger wach.
De Tag fangt immer schpöter aa.
Und dur de Näbel schiint nu schwach
e mildi Sunne hindedraa.

De Öpfelbaum bim undre Rank
hätt tuusig Schpatze uf de Escht.
De Wäg is Dorf isch iisig-blank.
Und d Schtadt-Hotel händ wenig Gescht.

De Wind pfiift resolut ums Huus,
riisst bruuni Bletter ab de Zwiig.
En Rehbock luegt zum Waldrand uus.
Und wer Klavier schpillt, schpillt jetzt Grieg.

Es füechtet uf de Autobahn.
Und vor em Rotliecht passt mer uuf.
Vom Bürkliplatz fahrt mänge Kahn
fascht nu für siich de See duruuf.

S hätt uf em Simplon zümpftig gschneit.
Jetzt müend scho d Winterreife sii.
En neue «Faust» isch duregheit.
Nüd wägem Goethe – nei, d Regie!

Pro Wuchenänd gitts hundert Bäll.
(Me treit ja wider Décolleté!)
Und plötzli – das gaht schaurig schnäll –
fehlt eim für d Frau e Gschänkidee.

De Winter chunnt. Und i de Schtadt
sind d Boulevard-Kafi alli zue.
Au Walking tunkt eim nüme glatt.
Und d Schwän händ vor de Fremde Rue.

Iich sälber bin liecht melancholisch.
Und trotzdem rächt vergnüegt derbii.
Ich mues halt zuegäh, dass mir wohl isch.
(Wäg mir chönnt nu – Novämber sii...)

De neu Lämpli-Vers

Im Dezember 2005 wurde die neue – und wie sich zeigte – sehr umstrittene Bahnhofstrassen-Beleuchtung installiert.

Ich bi das Lämpli, wo 30 Jahr am Liechterhimmel,
wie tuusig andri Lämpli suscht na au,
jede Advänt d Girlande gsii isch übrem Bahnhofstrasse-Gwimmel
und Wienachtszauber praacht gha hätt is Alltagsgrau.

Am nüünte Draht, linggs, bin i ghanget all die Jahre,
immer am gliiche Platz, grad bi de Schützegass.
De Elfer, Sächser, Sibner han i gseh gha herefahre.
Und nachher wiiter zum Paradeplatz dur d Bahnhofstrass.

Nu ebe – dasch verbii. D Girlande bliibt im Depot ligge.
Eus alti Lämpli bruucht mer nüme. Mir sind pensioniert.
Schtatt eus hätt me Belüüchtigsröhre mitme chice
Designer-Wächselwürkig-Liechterband (so gheissts!) montiert.

Zwar mues i säge: D Pensionierig isch rächt fair gsii.
Es hätt für eus Girlandelämpli en Sozialplan ghaa.
Und trotzdem isch dr Abschied für die meischte schwer gsii.
S eint oder s ander hätt sich us de Fassig bringe laa.

Guet – ich für mich cha sich zum Biischpiil nöd beklage.
Für mich lauft eigentli e ganz e bruuchbars Aagebot.
Ich mache jedi Wuche z Höngg a dreine Tage
inre Verchehrs-Signal-Aalaag uf ere Chrüzig – rot.

Hingäge en Kolleg vo mir – ja, dem ischs truurig gloffe.
Er hätts uf s Alters-Lüüchte hii nüd würkli glückli troffe.
Für ihn sind scho die schöne Ziite weg. Tempi passati.
(Er flackret nämli inre Strassepfunzle bim Frascati.)
Und ebe halt nöd öppe stolz tiräkt am Utoquai.
Nei – i dem bschissne Näbetwägli vor em See.

Jetzt also händs vorgeschtert s erscht Mal «Klick» gmacht.
De Elmar heig zwar echli z schpaht s Spektakel gschtartet
Ich sälber han – zum goge luege – raffiniert en Trick gmacht
und fasch gar a miim alte Platz uf s neui Lüüchte gwartet.

Dasch käs Problem gsii. Iich ha frei gha a de Höngger Chrüüzig.
(Ich schaffe ja bekanntli nu na sächzg Prozänt.)
Und miich hätts Wunder gnoo, wie d Meinig vo de Lüüt sig
zum «Largest Time Piece», wo schtatt eus am Zürcher
Himmel brännt.

Me hätt Verschidnigs ghört, cha sich nöd a eim klare Urteil hebe.
D Frau Manz vom Gotthard hätt akzäntfrei gruefe «Oh herjee»,
binre Advänts-Belüüchtig müesst doch allne s Herz uufgaa. Will ebe
nur wer e offes Herz heig – dä heig au es offes Portmonnée.

En eltre Herr hätt prummlet, er fall scho nöd grad in Trance.
Es fröhlichs Päärli finds «ächt geil». E Sprüngli-Frau bliibt skeptisch.
De Stapi meint «gwöhnigsbedürftig – aber gämmer em e Chance»
Und eine, wo fotografiert, schimpft: «Chalt und antiseptisch».

Jetzt wetted Sie natürli au na miini Meinig känne.
Nu guet – ich ha zwar eini. Aber säge – würdi schlächt sii.
Me törf nöd drissg Jahr als Girlande-Lämpli bränne,
und dänn na s Gfühl haa, was mer sägi, chönnti grächt sii.

MÄDLER

Nu eis isch klar: Findt mänge-n-au s neu Liechtschpiil
hütt na haarig,
(und daadruuf würdi eigentli im Grund gno schwöre!),
so, wie-n-ich d Zürcher känn us minre Lüücht-Erfahrig
erwärmed die sich bald scho für die schiinbar chalte Röhre.

Die merked glii emal, dass öppis Neus zu Züri ghört,
dass sogar Ungwohnts plötzli gfallt und nüme schtört.
Ich wünsch mir das. Ganz ohni Träne. Will ich tänk derbii:
Bisch schliessli sälber villi Jahr es Stückli Zürcher
Himmel gsii.

Ich wett es Jahr

Ich wett es Jahr, wo ohni Fäscht-Fanfare
und Tusch es Jahr wird, wie mängs früener amigs au.
Mit Märze-Schnee, mit summersunneklare
Auguscht-Täg für zum Tauche i dr Aare,
und für Melancholie s Novämbergrau.

Ich wett es Jahr, wo törf unoriginell sii,
wo d Frau und mich zwölf Mönet zfride läbe laht.
Wämmer mich aber bruucht, wett ich zur Schtell sii.
Das mues nüüt Wichtigs, mues nüd speziell sii,
dermits am Schluss i jedem Rückblick schtaht.

Ich wett es Jahr, wo mer im Chliine hoffe
und irgend ame Tag en Traum erläbe cha.
Wo plötzli merksch: Ich han is Schwarze troffe!
Ich bi nöd eifach blind is Offside gloffe!
Und drum fangt s Jahr im Grund erscht richtig aa!

Ich wett es Jahr, wo tuusig Mal chasch lache.
Nüd logisch wie bim Chaplin. Nei, au ohni Grund.
Es Jahr, wos Aabigwind hett für en Drache.
Mir sogar Ziit bliibt für zum Guetzlibache.
Kän Arzt meh bissig fröget «Rauche – und?»

Ich wett es Jahr, won ich chönnt stolz verlüüre,
will miin Kolleg ganz klar die besser Lösig hätt.
Es Jahr mit offne Herze, offne Türe.
Wo z Pakistan kän Mänsch meh müessti früüre.
Ich wett es Jahr, wo mit keim einzige Brätt

kein einzige Chopf uf dere Wält blockiert wird.
Ich wett es Jahr, wo jede Wunsch, chuum isch er tänkt,
für alli eusi Fründ realisiert wird.
Es Jahr, wo d Hoffnig bsunders honoriert wird.
Das seigi Eu – und eus – vo Herze gschänkt.

Söll mer hoffe?

Söll mer hoffe, scho grad aafangs Januar,
(aagno, d NZZ hetts als Prognose truckt),
s Null-Null-Sibe seig es Wirtschafts-Super-Jahr,
mit verbesseretem Brutto-Sozialprodukt?
Alli relevante Zahle würded tüütli übertroffe.
Söll mer hoffe?

Söll mer hoffe, dass de gsamti Bundesrat,
wo en Bschluss anere Mittwuch-Sitzig fasst,
dänn au gsamthaft hinder siinre Meinig schtaht,
und nüd jede einzeln seit, was ihm nüd passt,
und betont, s wär gschiider gägeteilig gloffe...
Söll mer hoffe?

Söll mer hoffe, sogar s Zürcher Operehuus
chämt – au de Perereira träfti fasch de Schlag –
plötzli mit de Helfti Subväntione uus?
Und er liessti dänn de Überschuss-Betrag
zur Verwändig für zäh Chlii-Theater offe...
Söll mer hoffe?

Söll mer hoffe, wämmer sich a d Urne quält,
z Bern im Rat gäbs nachher dänn mängs frisches Gsicht,
s werdid villicht nüd nu Päcklimacher gwählt?
Und e März-Diät halbieri fascht diis Gwicht!
(Seigsch uf all Fäll ring i alti Hose gschloffe...)
Söll mer hoffe?

Söll mer hoffe, dass villicht im neue Jahr
ein ganz grosse Wunsch im Früelig in Erfüllig gaht?
Und na chliini Wünsch dänn au im Herbscht e paar...
Nüüt, wo d Wält bewegt, nu so für diich ellei privat?

Für miich isch d Antwort uf die Frag
ganz eifach und au sunneklar:
Es gitt kei Schtund, es gitt kein Tag
für Eu, für eus im neue Jahr,
wo, wänn de Ärger na so gross isch,
scho apriori – hoffnigslos isch.

Hol dir en Schtärn

Hol dir en Schtärn
vo hinder de Wulche.
Hol dir en Schtärn
und nimm en i d Hand.
Träum dir en Traum
für dich i dim Zimmer.
Träum dir dä Traum
bi dir a d Wand.

Gang uf es Fäld,
und suech dir es Chleeblatt.
Gang uf es Fäld
wie früener als Chind…
Lueg vor dim Huus
is Blaui vom Himmel.
Lueg vor dim Huus
in Summerwind.

Füll dir es Glas
mit Wii ab de Halde.
Füll dir es Glas
und nimm e paar Schlück.
Tänk dir e Zahl
Vo sibe bis nüünzäh.
Tänk dir e Zahl
und zell uf s Glück…

Schnitz in en Baum
es Herz mitme Mässer.
Schnitz in en Baum
es A und es Z.
Lass für e Nacht
de Mond i dis Zimmer.
Lass für e Nacht
sis Liecht as Bett.

Hol bime Schmied
es Ise vom Amboss.
Hol bime Schmied
Es Ise, wo glüeht.
Bring us em Wald
es Blatt vonre Chrone.
Bring us em Wald
en Zwiig, wo blüeht.

Hol dir en Schtärn
vo hinder de Wulche.
Hol dir en Schtärn
und nimm en i d Hand.
Träum dir en Traum
für dich i dim Zimmer.
Hol dir en Schtärn –
und hänk en a d Wand.